Jafeth Mariani

Tu sei pura libertà

AF176134

Tu sei pura libertà

Jafeth Mariani

Metafore e esercizi spirituali per stare meglio istantaneamente

Bibliografische Information der Deutschen
Nationalbibliothek:
Die Deutsche Nationalbibliothek verzeichnet
diese Publikation in der Deutschen
Nationalbibliografie; detaillierte
bibliografische Daten sind im Internet über
http://dnb.dnb.de abrufbar.

ISBN: 978-3-7543-9889-0

Herstellung und Verlag: BoD – Books on
Demand, Norderstedt

Dedicato a:

Te

COSA FA DI TE QUESTO LIBRO   13

NON MEDITERAI TUTTO IL GIORNO   14

CHI SEI?   15

COSA NON SEI   16

NON SEI IL PASSATO E NON SEI IL FUTURO   19

NON SEI SOLA   21

NON SEI SCHIAVA DEI PENSIERI   23

NON SEI QUEI TRENI CHE PASSANO   28

NON SEI SU QUELL'OTTOVOLANTE   30

NON SEI LE ONDE DEL MARE   34

NON SEI IL GIUDIZIO   36

NON SEI QUELLA VECCHIA INFORMAZIONE   38

NON SEI I TUOI ERRORI   40

NON SEI CIÒ CHE CERCHI DI CONTROLLARE   42

NON SEI LO ZAINO CHE PORTI SULLE SPALLE   44

NON SEI IL SASSOLINO NELLA SCARPA   46

NON SEI LA SOLITUDINE   48

NON SEI QUI PER SOFFRIRE   49

NON SEI IL VENTO   53

NON SEI CIÒ CHE TI È STATO TOLTO   54

NON SEI LA PAURA DEL BUIO   55

NON SEI LA ZAVORRA CHE TI PORTI DIETRO   57

NON SEI QUELL´ ILLUSIONE   59

TU SEI VITA   61

SEI PERFETTAMENTE IMPERFETTA   **63**

LASCIA LAVORARE IL TUO BODYGUARD   **66**

TU SEI LA RISPOSTA   **67**

NON SEI I TUOI PROBLEMI O VIZI   **69**

PIENA FIDUCIA   **70**

TU SEI LIBERO, PRIMA DEL CONCETTO DI LIBERTÀ   **71**

TU SEI GRATITUDINE   **72**

IL CONFLITTO È UN'ILLUSIONE   **74**

TU SEI PURA GIOIA   **75**

TU SEI   **76**

TU SEI IMMORTALE   **77**

SEI SENZA TEMPO   **79**

UN DONO CONTINUO   **81**

INFINITO AMORE 83

OGNI GIORNO È UN REGALO 84

Cosa fa di te questo libro

Quando avrai letto questo libro, non sarai un'altra persona, o una persona migliore.

Bensì sarai ancora più tu stessa, quel "tu stessa" che volevi sempre essere, quello che sei sempre stato:

il tuo vero

libero

e

incondizionato

io.

Non mediterai tutto il giorno

Non diventerai una specie di "Zombie" che in qualsiasi cosa che vive può mantenere la calma o rimanere impassibile, come in uno stato di meditazione continuo... (come alcuni potrebbero immaginare la meditazione o la spiritualità).

Bensì potrai godere ogni giorno della tua vita, potrai svolgere ogni attività, vivere ogni emozione che la vita ti dona... giorni di gloria, giorni di inquietudine... ma in modo più vero, intenso, perché dentro di te avrai comunque la certezza che tutto ciò che vivi non è qui per distruggerti.

Chi sei?

Chi sei veramente?

Lo scopri solo scoprendo e lasciando andare
ciò che non sei.

Cosa non sei

Per un attimo, pensa a quello che hai vissuto poco prima di incominciare a leggere questo libro. Qualche minuto fa.
Hai un ricordo, più o meno chiaro, del passato.

Poi pensa a quello che farai oggi, dopo, quando smetterai di leggere.
Forse hai dei piani precisi, forse no... non ha importanza ora.
Hai comunque un' idea del futuro, magari anche solo vaga.

Ora concentrati su quello che è ora, in questo momento: stai leggendo parole nero su bianco... senti magari dei rumori intorno a te... senti la temperatura nella stanza e del tuo corpo, hai sensazioni corporee.
Senti il tuo respiro. Se puoi, respira un paio di volte più profondamente del solito.

Se vuoi, puoi dare un'occhiata in giro, intorno a te per osservare la stanza o il luogo dove sei ora. Tutte cose che puoi avvertire, di cui ne sei cosciente.

Fallo senza giudicare. Se avverti un giudizio in te ("la parete è troppo scura") osserva anche questo "giudicare" dalla distanza della consapevolezza in te. Come se fossi testimone di qualcosa che avviene al di fuori di te, come qualcosa che sta avvenendo da una certa distanza. Non immedesimarti nel giudizio.

Inoltre, sei anche cosciente di altri pensieri che magari ti vengono mentre leggi. Quindi non solo di cose che succedono all'esterno, bensì anche dentro di te.

Mentre "osservi" o "senti" tutto ciò, ci sono due entità:

1) Tu

2) le cose che "osservi".

Non sei le cose che osservi, sei molto più la consapevolezza che "osserva" queste cose.

Generalmente invece tendiamo a identificarci con queste "cose": pensieri, emozioni, corpo.

Questi non ci sarebbero, se tu non fossi consapevole di essi. Se tu non li potessi "osservare". Se tu non fossi viva.

Tu sei questa consapevolezza, vita pura.

Non sei il passato e non sei il futuro

Se non sei una di quelle persone che ha paura di volare in aereo, forse può aiutarti questa metafora.

Immagina di andare all'aeroporto e di poter lasciare due valigie prima di salire sull'aereo. Una valigia è pieni di passato, una di futuro. Pensieri e avvenimenti accaduti o immaginati. Lasciali e sali sull'aereo.

Sull'aereo sei solo nel presente, vieni portato da un punto all'altro... ma non te ne occupi più di tanto, ti lasci andare.

Non esiste passato e futuro, puoi lasciarli andare per un attimo.

Non sei dipendente dal passato e non ti devi preoccupare più del necessario del futuro. Solo tu sei importante ora. Sei viva. Respiri. Ci sei. Solo questo conta ora.

Poi magari riprenderai quelle valigie, ma ora si vola.

Le valigie, poi, le sentirai più leggere.

Qualcosa di inutile lo si è perso durante il viaggio.

Non sei sola

Che tu sia a casa, in viaggio o rinchiusa in una cella:

TU sei sempre con te.
TU non ti sei lasciata sola.

Con "TU" intendo pura consapevolezza di essere viva. Tu sei espressione della vita.

Non sei tra qui e là. Tra passato e futuro. Tra sicurezza e ignoto.

Tu sei.

Aldilà di luoghi e tempi.

Tu vivi. Tu respiri. Ogni giorno quando ti svegli. Ma anche mentre dormi.

Tu sei lo spazio tra tutti questi elementi apparentemente diversi e spesso contrari.

Si respira di giorno ma anche di notte.

L'ignoto, il nuovo, sarà il vecchio del dopodomani.

Ma tu sei sempre viva.

Respiri indipendentemente dal fatto che qualcosa sia conosciuto o sconosciuto.

Non sei schiava dei pensieri

Non sei le parole che leggi.
Le leggi, ma non ne sei schiava.

Avverti la temperatura, essa influenza forse il tuo stato d'animo, ma non sei la temperatura.

Non sei il tuo stato d'animo, che cambia continuamente.

Non sei neppure i tuoi pensieri. Anche se sembrano nascere nella tua mente.

Tu non sei la tua mente, la tua mente è al tuo servizio.

I pensieri sono frutto di tante cose che hai imparato. Non sono TE. Sono informazioni. Queste informazioni possono essere utili, nella vita di tutti i giorni.

È importante pensare. Per cambiare, per pianificare, per risolvere.

Ma i pensieri possono anche bloccarti, spegnerti, o portarti a fare azioni di cui potresti pentirti.

I pensieri sono strutture, concetti, modi di descrivere le cose che ti sono arrivate dalle persone che erano intorno a te. Dai tuoi genitori, dalle persone che hai frequentato, dai film e le pubblicità che hai visto, dai libri che hai letto.

Forse anche pensieri che hai costruito tu col tempo, idee che hai fatto tue o modificate.

Ma ancora, sono solo pensieri: il modo in cui il tuo cervello comunica. Come i battiti del cuore sono il modo in cui il cuore comunica. Non sei il tuo cuore. Il cuore fa parte di te. Del tuo corpo. Non sei solo il tuo corpo.

Il cervello è un organo a tua disposizione, ma tu sei più del tuo cervello.

Puoi avere pensieri positivi, negativi o neutrali. Essi sono come nuvole, che scure o chiare passano, e così come vengono,

così se ne andranno.

Si trasformano, cambiano colore, non sono stabili. Non sono MAI uguali.

Il modo in cui anni fa pensavi di cose o persone è cambiato. Ciò che pensi oggi sarà domani un pò diverso e chissà in qualche anno.

I pensieri cambiano come le nuvole, ma la tua consapevolezza: il tuo essere cosciente che hai dei pensieri rimane neutrale e costante.

Spesso non sei cosciente della tua consapevolezza, e i tuoi pensieri ti dirigono.

Impara a essere consapevole delle cose che cambiano, senza identificarti in esse.

Mentre leggi queste parole, ti rilassi sempre di più perché ti allontani dalla dipendenza dei pensieri, vai sempre più in profondità del tuo essere.

Vai sempre più vicino alla tua consapevolezza, al tuo vero io, alla parte in te che è la più libera che ci sia, sei il cielo che osserva le nuvole.

Può mai il cielo preoccuparsi di qualche nuvola, aldilà di quanto scura e minacciosa sia?

Non sei quei treni che passano

I tuoi pensieri sono come treni in una stazione...
Immagina di essere in questa stazione e vedere i treni che arrivano e i treni che partono. Altri sono lì in attesa.

Alcuni colgono di più la tua attenzione, vorrebbero portarti lì dove andresti sempre, come le tue abitudini... altri portano su nuove strade.

Alcuni promettono la felicità. Altri sono fermi, devono essere riparati o aspettano nuove soluzioni.

Per un momento, non fare nulla - non scegliere nessun treno. Non lasciarti prendere dallo stress di non voler perdere un'occasione.

Non puoi perderti. Ci sei. Sei qui.

Non puoi perdere il treno che porta a te stessa.

Perché tu sei qui, prima, durante e dopo ogni esperienza.

Non serve quel treno. Sei già arrivata.
Qui, e ovunque tu sarai, è la tua vera casa.

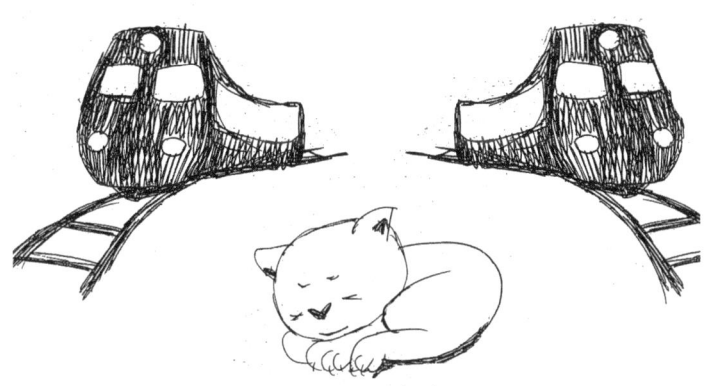

Non sei su quell'ottovolante

I tuoi pensieri e problemi sono su un
ottovolante.
Scendi.

TU non sei loro. E vai sempre più lontano.

In lontananza senti sempre ancora quel
rumore, e sai che in ogni momento potresti
tornare lì ad andare su e giù, ma:

non devi ora.

Ora guarda, alle tue spalle i tuoi pensieri
sono forse ancora sull'ottovolante.

TU hai la dovuta distanza.

Non sei quelle emozioni. La tua vita non è
quell'ottovolante.

In qualsiasi momento, se vuoi essere quelle emozioni, puoi esserle. Puoi tornare su quell'ottovolante.

Quindi non ti sto togliendo niente.

Non capirmi male. A volte è indispensabile passare attraverso il dolore, la difficoltà e il dubbio. A volte certe emozioni sono indispensabili.

Ma se stai cercando di stare meglio istantaneamente: devi capire chi sei, aldilà dei tuoi cambiamenti e delle esperienze, emozioni per quanto giuste o indispensabili siano.

Ci siamo così abituati a *descrivere* la nostra vita (come quell'ottovolante) invece di *viverla*. Ci sentiamo prigionieri.

Se invece scendi, puoi tornare a vivere quelle

emozioni, ma in modo più conscio e forse anche più intenso se è questo ciò che desideri o se questo è ciò che in questo momento è indispensabile.

Se devi piangere, piangi. Se devi ridere, ridi. A volte è necessario urlare. A volte è necessario difendersi o difendere chi ami.

Ma non rimarrai per sempre in difesa. Non rimarrai bloccata in un aspetto della vita o della tua anima.

In certi momenti, se sentirai rabbia, è forse giusto sentirla, ma non sarai costretta a rimanere in questa rabbia.

Meno ti senti costretta a identificarti con un sentimento passeggero, meglio potrai canalizzare quel sentimento in qualcosa di funzionale, giusto. Saprai fare la scelta migliore in momenti difficili.

Non sei le onde del mare

I problemi e le insicurezze, le notizie ma
anche i tuoi pensieri sono le onde del mare.
Non puoi evitare che vengano e che se ne
vadano.
Così come vengono, se ne vanno, è un
continuo.

Ma tu sei sulla spiaggia, a osservarle a una
distanza tale da poter decidere in pace se
rimanere a osservarle o buttarti a nuotare.

Non sei costretta, ora, a fare qualcosa.

Puoi osservare come tira il vento.
Puoi osservare come sono le onde, alte o
basse, veloci o lente.

Comunque siano le onde:
nel profondo del mare o da un punto sulla
spiaggia la pace è assicurata.

Il mare nel profondo non è dipendente dalle onde o dal vento.

Arriverà anche il momento di nuotare e godersi il mare.

Forse ci sarà un momento dove bisogna salvare qualcuno dalle onde.

Quando sei in TE, consapevole, non sei inattivo. Sei ancora più presente nel presente. SAI quando è il momento di agire.

Non sei il giudizio

Questa consapevolezza, che è pronta a osservare tutto e il contrario di tutto, è neutrale.

Probabilmente sin da quando eri nella pancia di tua madre eri consapevole inconsciamente delle sensazioni di freddo o di caldo, e tutti gradi di calore fra questi estremi, così come realizzavi differenze fra buio, luce... forse avvertivi differenze se tua madre stava bene o male... ogni suo umore.

Questo tipo di consapevolezza, inizialmente non capace di spiegare e dare nomi, deve essere neutrale perché il bimbo deve imparare tutto e il contrario di tutto.

Solo più tardi sviluppiamo un senso di giudizio, "troppo caldo" "troppa poca luce" e così via.
Quindi, una parte in te più profonda di

tutto il resto osserva senza giudizio la parte
in te che giudica.

Non sei il giudizio. Perché ogni cosa, che
puoi osservare, non è te.

Tu sei l'osservatrice. Tu sei questa
consapevolezza. Che osserva il giudizio.
Il giudizio può cambiare.
La tua consapevolezza rimane neutrale.

Non sei quella vecchia informazione

Dentro di te è come una biblioteca. Alcuni libri sono ancora buoni, hanno informazioni ancora utili, altri meno, altri libri proprio sono antiquati.

Il tuo subconscio è come una bibliotecaria che sa esattamente dove trovarli.

Basta dire al subconscio di che tema si tratta, e mentre tu ti rilassi, il subconscio va e corregge alcune informazioni.

Alcuni antichi libri, per esempio dove hai imparato a parlare, mangiare, a camminare... funzionano ancora bene.

Altri, dovevi leggerli per sapere delle cose - avevano uno scopo allora - ma ora quei libri possono essere messi in una vetrina speciale, o in un angolo della biblioteca, o proprio eliminati. Non servono più, non aiutano più, o solo in parte.

Ci sono notizie nuove, aggiornamenti, un update, che vengono effettuati mentre tu ti rilassi.

Qualcosa in te, come una perfetta bibliotecaria, sa esattamente di quali informazioni ti puoi liberare, dove trovare quei libri, e come cambiarli.

Abbi fiducia in lei.

Immagina questo, una bambina é caduta in un pozzo e riesce appena a tenersi in qualche modo ma ormai quasi non ce la fa più e sta per cadere in profondità.

Per uscirne, chi la vuole aiutare è costretto a graffiarla... altrimenti cade e muore. In quel momento, la bambina è disposta a tutto pur di uscire.

Allo stesso modo tu hai vissuto da piccole cose, situazioni che erano troppo pesanti, troppo oscure per la bambina che eri. E allora hai deciso allora di accettare quell'aiuto anche se non era esattamente quello che volevi, pur di uscire da quella sensazione o situazione.

Nella tua vita forse si è ripetuto ancora e ancora questo schema.

Tu hai bisogno di amore vero, ma per sentirlo un attimo a volte vai oltre confini che non vorresti superare.

Ora non più.

Non devi ripetere ancora e ancora questa esperienza. Guardiamo quali sono i tuoi veri desideri e i confini che non vorresti superare e cosa ti fa sentire in "un pozzo".

Ecco una mano che non ti graffia.
La mano di te adulta, che salva la bambina.

Non sei ciò che cerchi di controllare

Forse poi ti ricordi di come, da bambina, ti divertivi a spingere una palla piena d'aria nell'acqua. E cercavi di tenerla giù quanto potevi...poi a un certo punto tornava su da sola con forza.

Lo stesso succede oggi con il tuo bisogno, desiderio di controllare tutto, anche le tue emozioni.

Di sicuro hai i tuoi legittimi motivi per tentare di sotterrare, di controllare le tue emozioni, ma non appena ti trovi in certe situazioni, non ce la fai a controllare e esse tornano su.

Guardiamo allora, invece, di cosa si è riempita quella palla, perché cerchi di controllarla, e da quando.

Non vivere nel tentativo di controllare che le emozioni non tornino, aiutati o fatti aiutare a capirle prima che questo tentativo di controllo si espanda su tutte le tue azioni e sulle relazioni che hai.

Spesso si incontrano persone che non sono più abili di essere aperte a nuove possibilità, nuovo amore, nuove prospettive perché sono continuamente immerse nel loro pianificare la vita affinché il vecchio dolore non torni su.

Ma il dolore è come lievito, cresce dietro quella porta chiusa e si espande a dismisura.

Il dolore può essere solo vinto se lo si affronta nei tempi e nella misura più adatta per te.

Non sei lo zaino che porti sulle spalle

Immagina per un momento che tu possa lasciare qui, fra queste righe e parole, per un paio di minuti o per sempre, lo zaino pieno di sassi che porti da tempo.

Immagina come ti sentiresti. Poi puoi sempre riprenderlo, più tardi.

... forse prima si può vedere che cosa fare di quei sassi.

Magari alcuni si possono rimpicciolire, colorare, o osservare da ogni lato. Forse qualcuno è meno brutto o pesante del previsto.

Ma ora no, ora immagina solo come stai, senza quello zaino.

Sentirsi liberati e leggeri.

Forse era giusto portarlo, per un periodo.

Hai fatto più che potevi.

"Non abbastanza" dici tu, "guarda quante volte ero debole".

Ognuno ha bisogno di una sosta.

Hai fatto abbastanza.

C'è qualcosa che forse oggi puoi lasciare qui.

Non sei il sassolino nella scarpa

Immagina di aver comprato delle scarpe nuove belle, che adori, ma il giorno che le indossi hai un sassolino nella scarpa.

Siccome sei a un appuntamento con persone importanti non te la senti di toglierlo.
Per un po' soffri, poi te ne dimentichi.

Quando finalmente esci da quella riunione, togli la scarpa e senti subito un miglioramento, un sollievo, ma ti rendi conto che quasi il piede ci aveva fatto il callo e ha bisogno di un momento per sentirsi ancora proprio libero.

Il piede era libero, prima del sassolino, durante e anche dopo. Così è il tuo vero io, aldilà del costume, delle costruzioni mentali e dei giudizi: era libero sin dall'inizio, prima che venisse mascherato, durante e dopo la maschera.

Il tuo io è libero prima, durante e dopo i problemi, le paure, i dubbi.

Non ti abbandona.

Immagina che un giorno: la bambina,
l' adolescente, la ragazza che eri e la donna
che sei, e poi la donna anziana che sarai un
giorno .... balleranno mano nella mano
intorno a un fuoco, il fuoco della vita. E
sapranno, che non sono mai state sole. Si
sono sempre tenute la mano e volute bene.

Sono sempre state se stesse, anche quando
sembrava di no, anche quando qualcuno
voleva impedirlo.

Con tutte le complicazioni che la vita ti porta c'è solo un motivo in tutto ciò: ti vuole fare felice.

Per felicità non intendo che sei allegra. Intendo la felicità profonda del rendersi conto che: VIVI!

Se cadi da bambino, la vita ti vuol fare imparare a camminare. Questo non per forza ti fa allegro, si cammina per raggiungere luoghi belli ma anche tristi nella vita.

Ma già il fatto di VIVERE, poter CAMMINARE, è qualcosa di incredibilmente bello, un regalo enorme.

Ho avuto un cliente che soffriva di sclerosi multipla, seduto in carrozzina, che quando chi chiesi: "ma se tu potessi camminare, cosa faresti?"... egli rispose: "camminerei! È una cosa talmente semplice, che prima non sapevo apprezzare, ora invece sarebbe già il poter camminare il regalo più grande al mondo!"

Egli fece in questo modo un gran regalo a me, perché non dimentico mai questa lezione e ogni volta che ho problemi, penso alle sue parole.

La vita non è contro di te.

Ma comunica con un codice che sin da bambini troviamo doloroso. Vorremmo già saper fare tutto, capire tutto. Non funziona così.

Se la vita volesse cercare di farti felice, dietro questa durezza cosa interpreteresti in altro modo e quale potrebbe essere il messaggio?

Questo non giustifica la gravità delle azioni di chi ti ha fatto ingiustamente del male.

Questo non vuol dire che bisogna accettare tutto.

Questo non vuol dire, che sia sbagliato dire che tu sia la vittima di fronte a un giudice se qualcuno ha abusato di te.

Quel qualcuno paghi le giuste conseguenze delle sue azioni incoscienti.

Ma nel più profondo di te stessa, anche se ti hanno tolto tutto, tu sei indipendente e viva.

E hai il diritto di tornare a vivere.

Hai il diritto di essere felice.

Hai il diritto di essere libera.

Non sei il vento

Tu sei come un albero, che ha sopravvissuto
il vento, il freddo, il terreno sbagliato,
l'acqua inquinata...
... tutto il male del mondo.

Nonostante tutto: le tue radici sono salde, il
tuo corpo robusto e i tuoi rami hanno
imparato a rimanere flessibili. Si sono
allungati in ogni angolo del cielo, hanno
trovato strade alternative, soluzioni
inimmaginabili prima...

Rimani flessibile, quando passa ancora il
vento. Qualche foglia forse la perderai
ancora, ma certi alberi vivono millenni...

... sei come l'erba del prato, ... quando passa
il vento, sembra che stai crollando,
ma anche se non hai radici profonde, sai
rialzarti come se niente fosse accaduta, solo
liberata dalla polvere inutile.

Non sei ciò che ti è stato tolto

...tu dici, ti è stato portato via tutto.
Ma quando lo tsunami è passato, e ha tolto
tutto, cosa rimane?
Chi sei tu veramente, quando ti si toglie
tutto?

Ora sei qui, e dici che ti hanno tolto tutto.
Ma questi problemi sono rimasti.

Ora immagina che lo tsunami ti tolga
proprio tutto, anche i problemi. Ma tu
rimani, tu sei vivo.
Non sei stato eliminato.

Non sto dicendo: viva lo tsunami!

Sto dicendo: cosa puoi fare, chi sei davvero,
cosa puoi rincominciare, e cosa ti è stato
tolto che era comunque di troppo?

Dentro di te, immagina, c'è come una stanza piena di luce. Sono le tue risorse, il tuo amore, le cose che ti fanno unica... ora solo tu sai dove si trova quell'interruttore. Solo tu puoi accendere o spegnere.

Ora tu dicevi, che le forze esterne, le persone o le situazioni sono troppo negative. E dicevi, che per questo ti sei rinchiusa in te stessa.

Ma immagina una stanza illuminata. Anche se intorno alla stanza c'è solo buio, oscurità... se tu apri una porta della stanza illuminata il buio non entra!

...bensì la luce si espande al di fuori pur rimanendo la stanza illuminata.

Non sei la zavorra che ti porti dietro

Per tanto tempo dovevi avere la zavorra che ti teneva al suolo, ben salda e sicura.

Come una mongolfiera ha la sua zavorra.

Probabilmente doveva essere così.

Ma da oggi, se vuoi, immagina di lasciar cadere uno a uno quei sacchi di zavorra, staccare le funi e volare.

Poi mentre voli, siccome devi imparare a usare il fuoco che scalda la mongolfiera, magari all'inizio sarà un po' difficile.

Poi con il tempo puoi diventare l'esperta.

Non sei quell´ illusione

Pensi spesso di vedere un serpente, invece è una corda.
La maggior parte delle nostre paure ha a che fare con il nostro modo di interpretare la vita.

Al voler credere ai nostri pensieri o alle nostre emozioni come se fossero sempre veritiere.

Questo succede perché la nostra mente cerca sempre di trovare possibili pericoli.

Spesso abbiamo buoni motivi, per vedere un pericolo in cose innocue: esperienze, traumi vissuti.
Un buon esercizio è: in momenti di tranquillità, dove non esistono pericoli reali tranne qualche paura che ti viene nella mente, chiediti:

questo mio pensiero, CHI lo riceve? E risponditi: a ME.

E CHI SONO IO?

Forse non saprai subito una risposta alla domanda: chi SONO IO? ... ma perlomeno incominci a trovare una certa distanza fra TE e i tuoi PENSIERI.

Di conseguenza, potrai sempre più diventarne autonomo e decidere a quali pensieri credere e a quali no.

Ponendoti spesso la domanda CHI SONO IO? ... arriverai a una più profonda verità che non ha nulla a che fare con le interpretazioni della realtà.

"Cosa fai lei nella vita ora!?" è stato chiesto a Natasha Campusch 15 anni dopo la sua fuga dalla prigionia.
"Vivo", rispose lei.

Spesso dimentichiamo che siamo vita. Siamo la vita stessa. Pura vita.

Ci si potrebbe svegliare al mattino e nonostante tutti i pensieri che già arrivano, ricordarsi di essere pura vita.

Siamo la prova che la vita esiste. Non la vita che altri descrivono o che vorrebbero imporci anche con la forza.

La vita dietro la vita.

La vita dentro la vita.

Ricordarsi che anche l'aver paura, essere disillusi o sconfortati sono parte della vita, se fossimo morti non avremmo queste sensazioni.

Questo non è un motivo per preferire la morte alla vita. Bensì un motivo per vivere più liberi.

Liberarsi del superfluo.

Sei perfettamente imperfetta

Gli errori sono umani. Essere perfetti è un'illusione. Il bambino impara a camminare commettendo errori. Ciò non significa che se può funzionare, non inciamperà mai più.

Gli errori ti ricordano solo che hai già imparato tutto il resto.

Gli errori sono la porta per l'umanità, per smetterla di voler essere "dei o robot" che fanno sempre tutto bene. Che non sbagliano mai.

Che devono sempre funzionare.

Per gravi errori che commetti, ovviamente paghi delle conseguenze o un prezzo da qualche parte.

Ma non sbagliare mai è impossibile.

Un intero film di Charlie Chaplin è basato sugli errori. Piccole, divertenti coincidenze ed errori. Che siano perfettamente messi in scena.

Impara a gestire perfettamente i tuoi errori e le tue stranezze o accettali o sorridi su di loro.

Tanta arte e tante invenzioni si basano su errori.

Forse una volta l'essere umano ha cucinato un piatto in acqua di mare e ha notato che quel cibo aveva un sapore migliore, con il sale.

La tua mente è come un bodyguard, lascialo lavorare come deve, non prendere il suo posto, non fare il suo lavoro.

Non devi respingere i pensieri e il controllo del bodyguard e non devi fare il suo lavoro, concentrati a godere la vita.

Con questo intendo: comunque la tua mente starà attenta a te, ai possibili pericoli. Non sei tu il bodyguard, tu sei la star del cinema che ora dà delle interviste o cammina sul tappeto rosso o si riposa in una camera d'albergo.

Tu sei la risposta

Immagina di cercare quelle chiavi che non trovi, ma che da qualche parte sono. Allo stesso modo mentre cerchi la tua pace da qualche parte già esiste, al di là della tua ricerca.

Se cerchi o se fai le domande sbagliate o se cerchi nei posti sbagliati, le risposte che ti arriveranno non saranno ancora quelle giuste.

Questo non impedisce alle risposte giuste di essere esattamente là dove aspettano di essere scoperte.

Se cerchi risposte in cose o persone e situazioni intorno a te, le risposte potrebbero essere giuste o sbagliate, profonde o superficiali.

Se invece ti è chiaro, che la risposta sei tu e la tua pace interiore,

si placano tutte le domande ossessive nella tua mente o il voler per forza avere delle conferme da altre persone.

Tu dici: sono troppi anni che sono triste.
Oppure: sono troppi anni che fumo.

Ma se la tristezza o il fumo o la sofferenza un
giorno se ne andassero, come tu voreresti,
cosa rimarrebbe?

Se tu fossi la tristezza il fumo o la sofferenza,
anche tu te ne andresti, quando loro se ne
vanno.

Invece tu rimarrai.

Allora chi sei tu senza tristezza fumo o
sofferenza?

Tutto ciò che pensi e scrivi era ieri diverso e domani pure potrebbe cambiare. Tu non sei solo questi pensieri. I pensieri sono fortunatamente qualcosa che può cambiare.

La mente dovrebbe lavorare per te, non tu per lei.

Tu sei l'unica cosa che non può cambiare, che non è influenzabile, che non è manipolabile dai pensieri e azioni tue o altrui.

Il tuo corpo invecchia, i tuoi amici se ne vanno, il tempo passa. Tutto ciò è uno spettacolo straordinario. Anche questo spettacolo finirà un giorno.

Ma più in profondità qualcosa di immortale è e rimane il dono inesauribile che hai ricevuto e di cui ti puoi fidare sempre.

Si può avere tutto ma sentire un vuoto che vuole sempre essere colmato.

E c'è un vuoto che non ha bisogno di riempirsi, perché è completo nel suo essere spazio libero.

C'è la mente che vuole liberarsi delle proprie abitudini e non ce la può fare se non con grandissima fatica,

e c'è una pace che non ha bisogno di liberarsi perché è la pace che osserva il torturarsi inutile della mente.

C'è una libertà che non ha bisogno di essere difesa, perché c'era già prima del concetto di libertà.

Tu sei gratitudine

Se si riconosce che non siamo i nostri pensieri, che c'è distanza fra il mio vero io e i miei pensieri, concetti del passato, dopo un po' di esercizio, si incomincia a avvertire una specie di gratitudine.

Qualcosa che ci dice: sì - hai la possibilità di essere te stesso.

Puoi cambiare qualsiasi abitudine negativa da un giorno all'altro.

A volte attraverso passaggi e fasi.

A volte proprio subito, all'istante.

Gratitudine per una grazia superiore che ci vuole bene nonostante tutti i problemi, le paure e le insicurezze, nonostante tutte le abitudini e i concetti negativi che ci portiamo dietro.

Allo stesso tempo può darsi che senti come una specie di lotta interna, fra il tuo vecchio io collegato ai vecchi concetti e il tuo vero io.

Il vecchio io ha una storia, lunghissima e solida e per la quale hai anche faticato tanto, e quindi fa fatica a lasciare andare.

Anzi, per nessun motivo al mondo vuole essere cancellato o messo in discussione.

Combatte contro la tua ribellione. Ma questo conflitto in realtà non esiste.

Perché la parte vera in te, la tua libertà, c'era prima e comunque, prima ancora che qualsiasi concetto si fosse formato.

Il conflitto è un'illusione

È come i primi film, dove le persone
pensavano che il treno che si vedeva sullo
schermo stesse per travolgerle.

E invece era solo un film.

Il nostro conflitto è solo una illusione,
mentre la verità è rilassata e non si preoccupa
del cambiamento.

Se la gioia dipendesse da quanto o cosa una persona possiede, cioè se le ricchezze o possessi o comunque tutte le cose intorno a noi ci dessero la felicità, allora più ne avessimo meglio staremmo.

Invece noi tutti sappiamo che nessuna persona è felice, se non dorme bene.

Tu sei pura gioia, e che gioia scoprirlo.

Che gioia potersi addormentare senza dilemma, dormire bene e svegliarsi pieni di voglia di vivere.

Tu sei

Tu sei l'amore, che contempla l'odio.

Tu sei il perdono, che contempla la difesa.

Tu sei la speranza, che contempla la disperazione.

Tu sei l'unione, che contempla la discordia.

Tu sei la fede, che contempla il dubbio.

Tu sei la luce, che contempla le tenebre.

Tu sei la vita, che abbraccia la morte.

Tu sei il vero, che contempla il falso.

Tu sei il cavaliere, che osserva il drago.
E ne diventa amico. Per salvare la bambina principessa. Lei non ha bisogno che muoia il drago. Ha bisogno di sapere che TU ci sei.

Quando tutti i nodi che stringono il cuore
sono sciolti, il mortale diventa immortale.

Quando la distanza non è raggiungibile
stando insieme, ci si riunisce stando lontani,
perché niente è diviso, tutto è uno.

Quando tutto ciò che sembra dividerci si è
rivelato come un trucco di magia, siamo
uniti.

Quando la tristezza e il dolore finiscono il
loro ciclo, si rivela il contrario che contrario
non è. Tutto è uno.

Quando la notte si spegne, si accende il
giorno, che non è il contrario della notte ma
il ciclo della vita.

Io credo che la vita cerchi solo in tutti i modi di dirci la verità. E se non ascoltiamo, la vita ricorre a soluzioni drastiche, radicali.

Ci aiuta a capire in tutti modi cosa sia più importante, più profondo, più vero di quello che noi pensiamo che sia vero.

Scoprire la verità può essere durissimo. Ma allo stesso tempo ci dà la possibilità di allontanarsi da una visione della vita non veritiera.

E se possiamo intravvedere questa verità, nonostante la durezza di una situazione, ci avviciniamo a una gioia vera.

La gioia di capire la nostra verità più profonda. Che siamo vita e possiamo smettere di voler essere qualcosa che non siamo.

La vita stessa è questa profonda gioia, una gioia indistruttibile. E noi, questo è quello che io ho imparato, siamo questo. Questa vita. Questo tipo di gioia.

Che non vuol dire essere sempre allegri, come in una foto da pubblicità. No. E non significa essere 24 ore al giorno in stato di meditazione. Significa, per me, essere grati.

Una gratitudine per la grazia nascosta, per quel mistero e quel regalo dietro le cose, anche le più terribili.

Non superficialmente felici, non per un momento, bensì nel profondo e senza tempo.

Rimani aperto e attento in tranquillità per quanto puoi. Forse te lo sta già donando, e tu pensi: perché sempre io!... perché sempre problemi!

Se riesci a dirti: un attimo, cosa potrebbe voler dire la vita in questo momento, di cosa sta parlando?

... forse una risposta arriva, non tramite i pensieri, ma come un messaggio silenzioso e pieno di grazia, come quando il tuo cane o gatto si avvicinano e tu SAI, che desiderano una carezza, senza parole.

Se impari ad ascoltare, il dolore si può del tutto o perlomeno in parte trasformare in gioia.

Perché ti accorgi che la vita è dalla tua parte.

Spesso ci danniamo nel pensare:
Dove ritrovare quell'anima nelle cose che
nell'innamoramento si sente in modo
naturale...

... dove ci si innamora e ci si sente miracolati
e miracolosi, si trasformerebbe anche l'acqua
in vino, dove si vede il meglio dell' altra
persona, dove si cerca di dare il meglio di se
stessi per l'altro, dove si è grati anche delle
fisime dell'altro, dove si tende a perdonare
qualsiasi cosa?

Ma il vero amore è una decisione. Decido di
amare. Nonostante tutto.

Qualcosa in te ha deciso di amarti sin dal
giorno zero e non smetterà di amarti fino alla
fine.

La vita ti fa continuamente dei regali.
Questi a volte sono impacchettati benissimo
ma ci deludono, quando li apriamo, perché
le nostre aspettative non sono sempre quello
che la vita vuole da noi.

O al contrario sono impacchettati male,
come dolori e sofferenze che però all'interno
nascondono verità e gioia inaspettate.

Se i regali non vengono capiti, la vita ci
riprova, deve cercare altre strade e queste
possono diventare davvero insopportabili e
ci sono persone che per tutta la vita
combattono contro questi segnali, contro
questo modo di parlare della vita.

Anche io combatto spesso inutilmente. Ho
combattuto per anni inutilmente.

Ma andare contro la vita vuol dire perdere in partenza.

Se guardo indietro vedo che da quando ho smesso di litigare con la vita... da quando ho smesso di voler forzare che le cose vadano come voglio io,

da quando insomma ho incominciato ad ascoltare quello che la vita mi sta dicendo, a capire quello che la vita vuole da me... mi è stato donato tutto ciò di cui ho bisogno.

Ho imparato ad avere fiducia.
E a essere grato.